Impressum
Verlag: BABADADA GmbH, Nedderfeld 112 , 22529 Hamburg
Geschäftsführer / Verlagsleitung: Harald Hof
Druck: Books on Demand GmbH, In de Tarpen 42, 22848 Norderstedt

Imprint
Publisher: BABADADA GmbH, Nedderfeld 112 , 22529 Hamburg, Germany
Managing Director / Publishing direction: Harald Hof
Print: Books on Demand GmbH, In de Tarpen 42, 22848 Norderstedt

Klassenzimmer
教室

dividieren
除

186/2

Tafel
黑板

Schulhof
校園

Lehrer
老師

Papier
紙

schreiben
書寫

Stift
筆

Schreibtisch
辦公桌

Lineal
直尺

Buch
書

Schüler
學生

Schultasche

書包

Federmappe

鉛筆盒

Bleistift

鉛筆

Bleistiftspitzer

削鉛筆機

Radierer

橡皮擦

Zeichenblock

畫板

Zeichnung

圖畫

Pinsel

畫筆

Malkasten

顏料盒

Schere

剪刀

Klebstoff

膠水

Übungsheft

練習冊

Hausübung

家庭作業

Zahl

數字

addieren

加

subtrahieren

減

multiplizieren

乘

rechnen

計算

Buchstabe

字母

Alphabet

字母表

Wort

字

Text

課文

lesen

讀

Kreide

粉筆

Unterrichtsstunde

上課

Klassenbuch

登記

Prüfung

考試

Zeugnis

證書

Schuluniform

校服

Ausbildung

教育

Lexikon

百科全書

Universität

大學

Mikroskop

顯微鏡

Karte

地圖

Papierkorb

廢紙簍

Hotel
飯店

Herberge
青年旅社

Wechselstube
外幣兌換處

Koffer
手提箱

Auto
汽車

Sprache
語言

ja / nein
是/否

Okay
好的

Hallo
您好

Dolmetscherin
翻譯人員

Danke
謝謝

Wie viel kostet ...?

......多少錢？

Ich verstehe nicht.

我不明白

Problem

問題

Guten Abend!

晚上好！

Guten Morgen!

早上好！

Gute Nacht!

晚安！

Auf Wiederschaun!

再見

Richtung

方向

Gepäck

行李

Tasche

包

Rucksack

背包

Gast

客人

Zimmer

房間

Schlafsack

睡袋

Zelt

帳篷

Touristeninformation

旅行資訊

Strand

海灘

Kreditkarte

信用卡

Frühstück

早餐

Mittagessen

午餐

Abendessen

晚餐

Fahrkarte

票

Lift

電梯

Briefmarke

郵票

Grenze

邊界

Zoll

海關

Botschaft

大使館

Visum

簽證

Pass

護照

Flugzeug
飛機

Schiff
船

Feuerwehrauto
消防車

Bus
公車

Lastwagen
卡車

Motorboot
汽艇

Fahrrad
腳踏車

Auto
汽車

| Fähre | Boot | Motorrad |
|-------|------|----------|
| 渡輪 | 小船 | 機車 |

| Polizeiauto | Rennauto | Mietwagen |
|-------------|----------|-----------|
| 警車 | 賽車 | 租車 |

Carsharing

拼車

Abschleppwagen

拖車

Müllwagen

垃圾車

Motor

馬達

Kraftstoff

汽油

Tankstelle

加油站

Verkehrsschild

交通標識

Verkehr

交通

Stau

交通堵塞

Parkplatz

停車場

Bahnhof

火車站

Schienen

軌道

Zug

火車

Straßenbahn

路面電車

Wagon

客車廂

Hubschrauber

直升機

Flughafen

機場

Tower

塔

Passagier

乘客

Container

集裝箱

Karton

紙板箱

Rollwagen

手推車

Korb

籃子

starten / landen

起飛/降落

# Stadt

## 城市

Dorf

村莊

Stadtzentrum

市中心

Haus

房子

Kino
電影院

Werbung
廣告

Straßenlaterne
路燈

Straße
街道

Taxi
計程車

Fußgänger
行人

Kiosk
小吃店

Gehsteig
人行道

Zebrastreifen
斑馬線

Mülltonne
垃圾箱

Kreuzung
十字路口

Ampel
紅綠燈

Hütte
小屋

Wohnung
公寓

Bahnhof
火車站

Rathaus
市政廳

Museum
博物館

Schule
學校

Universität

大學

Bank

銀行

Spital

醫院

Hotel

飯店

Apotheke

藥房

Büro

辦公室

Buchhandlung

書店

Geschäft

商店

Blumenladen

花店

Supermarkt

超市

Markt

市場

Kaufhaus

百貨商店

Fischhändler

魚店

Einkaufszentrum

購物中心

Hafen

海港

Park

公園

Bank

長凳

Brücke

橋

Stiege

樓梯

U-Bahn

捷運

Tunnel

隧道

Bushaltestelle

公車站

Bar

酒吧

Restaurant

餐館

Briefkasten

郵筒

Straßenschild

路標

Parkuhr

停車計時器

Zoo

動物園

Badeanstalt

游泳池

Moschee

清真寺

Bauernhof

農場

Umweltverschmutzung

污染

Friedhof

墓地

Kirche

教堂

Spielplatz

操場

Tempel

寺廟

# Landschaft

## 地形

![Landschaft illustration with labels: Blatt 樹葉, Wegweiser 指示牌, Weg 路, Wiese 草地, Stein 石頭, Baum 樹, Wanderer 徒步旅行者, Fluss 河, Gras 草, Blume 花]

Tal

峽谷

Hügel

丘陵

See

湖

Wald

森林

Wüste

沙漠

Vulkan

火山

Schloss

城堡

Regenbogen

彩虹

Pilz

蘑菇

Palme

棕櫚樹

Moskito

蚊子

Fliege

蒼蠅

Ameise

螞蟻

Biene

蜜蜂

Spinne

蜘蛛

Käfer

甲蟲

Frosch

青蛙

Eichhörnchen

松鼠

Igel

刺蝟

Hase

野兔

Eule

貓頭鷹

Vogel

鳥

Schwan

天鵝

Wildschwein

野豬

Hirsch

鹿

Elch

麋鹿

Staudamm

水壩

Windrad

風力發電機

Solarmodul

太陽能電池板

Klima

氣候

Kellner
服務生

Speisekarte
菜譜

Sessel
椅子

Suppe
湯

Pizza
披薩餅

Besteck
餐具

Tischdecke
桌布

Vorspeise

前菜

Hauptgericht

主菜

Nachspeise

甜點

Getränke

飲料

Essen

食物

Flasche

瓶子

Fastfood

速食

Streetfood

街邊小吃

Teekanne

茶壺

Zuckerdose

糖盒

Portion

一份飯菜

Espressomaschine

義式咖啡機

Kinderstuhl

高腳椅

Rechnung

帳單

Tablett

托盤

Messer

刀

Gabel

餐叉

Löffel

勺子

Teelöffel

茶匙

Serviette

餐巾

Glas

玻璃杯

Teller

碟子

Suppenteller

湯盤

Untertasse

碟子

Sauce

醬

Salzstreuer

鹽瓶

Pfeffermühle

胡椒研磨罐

Essig

醋

Öl

食用油

Gewürze

調味料

Ketchup

番茄醬

Senf

芥末

Mayonnaise

美乃滋

Schlachterei
肉鋪

Bäckerei
麵包店

wiegen
稱重

Gemüse
蔬菜

Fleisch
肉

Tiefkühlkost
冷凍食品

Aufschnitt

冷盤

Konserven

罐頭食品

Waschmittel

洗衣粉

Süßigkeiten

甜食

Haushaltsartikel

日用品

Reinigungsmittel

清潔用品

Verkäuferin

銷售員

Kassa

收銀機

Kassiererin

收銀員

Einkaufsliste

購物清單

Öffnungszeiten

開放時間

Brieftasche

錢包

Kreditkarte

信用卡

Tasche

袋子

Plastiktüte

塑膠袋

Wasser

水

Saft

果汁

Milch

牛奶

Cola

可樂

Wein

紅酒

Bier

啤酒

Alkohol

酒

Kakao

可可

Tee

茶

Kaffee

咖啡

Espresso

義式濃縮咖啡

Cappuccino

卡布奇諾

Banane

香蕉

Apfel

蘋果

Orange

柳丁

Melone

西瓜

Zitrone

檸檬

Karotte

胡蘿蔔

Knoblauch

大蒜

Bambus

竹子

Zwiebel

洋蔥

Pilz

蘑菇

Nüsse

堅果

Nudeln

麵條

Spaghetti

義大利麵

Reis

米飯

Salat

沙拉

Pommes frites

薯條

Bratkartoffeln

炸馬鈴薯

Pizza

披薩餅

Hamburger

漢堡

Sandwich

三明治

Schnitzel

炸豬排

Schinken

火腿

Salami

義大利臘腸

Wurst

香腸

Huhn

雞肉

Braten

烤肉

Fisch

魚

Haferflocken

燕麥片

Müsli

木斯里

Cornflakes

玉米片

Mehl

麵粉

Croissant

牛角麵包

Semmel

麵包捲

Brot

麵包

Toast

吐司

Kekse

餅乾

Butter

奶油

Topfen

凝乳

Kuchen

蛋糕

Ei

蛋

Spiegelei

煎蛋

Käse

起司

Eiscreme

冰淇淋

Zucker

糖

Honig

蜂蜜

Marmelade

果醬

Schokoladenaufstrich

巧克力醬

Curry

咖哩

Bauernhaus
農舍

Scheune
糧倉

Strohballen
稻草捆

Feld
田野

Pferd
馬

Anhänger
拖車

Fohlen
馬駒

Traktor
拖拉機

Esel
驢

Schaf
羊

Lamm
羔羊

Ziege

山羊

Kuh

奶牛

Kalb

小牛

Schwein

豬

Ferkel

小豬

Stier

公牛

Gans

鵝

Ente

鴨

Küken

小雞

Huhn

母雞

Hahn

公雞

Ratte

鼠

Katze

貓

Maus

老鼠

Ochse

牛

Hund

狗

Hundehütte

狗屋

Gartenschlauch

花園澆水軟管

Gießkanne

澆水壺

Sense

長柄大鐮刀

Pflug

犁

Sichel

鐮刀

Hacke

鋤頭

Mistgabel

長柄草耙

Axt

斧頭

Schubkarre

獨輪手推車

Trog

飼料槽

Milchkanne

牛奶罐

Sack

麻布袋

Zaun

柵欄

Stall

馬廄

Treibhaus

溫室

Boden

土壤

Saat

種子

Dünger

肥料

Mähdrescher

聯合收割機

ernten

收割

Ernte

收割

Yamswurzel

地瓜

Weizen

小麥

Soja

大豆

Erdapfel

土豆

Mais

玉米

Raps

油菜籽

Obstbaum

果樹

Maniok

樹薯

Getreide

穀物

Schornstein
煙囪

Dach
屋頂

Regenrinne
落水管

Schornstein
煙囪

Fenster
窗戶

Garage
車庫

Klingel
門鈴

Tür
門

Abfallkübel
垃圾桶

Briefkasten
信箱

Garten
花園

Wohnzimmer

客廳

Badezimmer

浴室

Küche

廚房

Schlafzimmer

臥室

Kinderzimmer

兒童房

Esszimmer

餐廳

Boden

地板

Wand

牆壁

Decke

天花板

Keller

地窖

Sauna

三溫暖

Balkon

陽臺

Terrasse

露臺

Schwimmbad

游泳池

Rasenmäher

割草機

Bettbezug

被單

Bettdecke

床罩

Bett

床

Besen

掃帚

Kübel

水桶

Schalter

開關

Tapete
壁紙

Bild
相片

Lampe
檯燈

Regal
擱架

Schrank
櫥櫃

Kamin
壁爐

Fernseher
電視

Blume
花

Polster
墊子

Sofa
沙發

Vase
花瓶

Fernbedienung
遙控器

Teppich

地毯

Vorhang

窗簾

Tisch

餐桌

Sessel

椅子

Schaukelstuhl

搖椅

Sessel

扶手椅

Buch

書

Decke

毯子

Dekoration

裝飾品

Feuerholz

木柴

Film

電影

Stereoanlage

高傳真音響

Schlüssel

鑰匙

Zeitung

報紙

Gemälde

油畫

Poster

海報

Radio

收音機

Notizblock

筆記本

Staubsauger

吸塵器

Kaktus

仙人掌

Kerze

蠟燭

Kühlschrank
冰箱

Mikrowelle
微波爐

Küchenwaage
廚房秤

Toaster
烤麵包機

Reinigungsmittel
洗潔精

Backofen
烤箱

Gefrierfach
冰櫃

Abfallkübel
垃圾桶

Geschirrspüler
洗碗機

Herd

炊具

Topf

鍋

Eisentopf

鑄鐵鍋

Wok / Kadai

炒鍋

Pfanne

平底鍋

Wasserkocher

水壺

Dampfgarer

蒸鍋

Backblech

烤盤

Geschirr

陶瓷鍋

Becher

馬克杯

Schale

碗

Essstäbchen

筷子

Schöpflöffel

長柄勺

Pfannenwender

鏟子

Schneebesen

攪拌器

Kochsieb

濾網

Sieb

篩子

Reibe

磨碎機

Mörser

研缽

Grill

燒烤

Kaminfeuer

明火

Schneidebrett

菜板

Nudelholz

擀麵杖

Korkenzieher

開瓶器

Dose

罐子

Dosenöffner

開罐器

Topflappen

隔熱手套

Waschbecken

水槽

Bürste

刷子

Schwamm

海綿

Mixer

攪拌機

Gefriertruhe

冷藏箱

Babyflasche

奶瓶

Wasserhahn

水龍頭

Heizung
供暖裝置

Dusche
淋浴

Handtuch
毛巾

Duschvorhang
浴簾

Schaumbad
泡沫浴

Badewanne
浴缸

Glas
玻璃杯

Waschmaschine
洗衣機

Wasserhahn
水龍頭

Fliesen
瓷磚

Nachttopf
便壺

Waschbecken
水槽

| Klo | Hocktoilette | Bidet |
|---|---|---|
| 廁所 | 蹲便器 | 坐浴器 |
| Pissoir | Klopapier | Klobürste |
| 小便斗 | 廁紙 | 馬桶刷 |

Zahnbürste

牙刷

Zahnpasta

牙膏

Zahnseide

牙線

waschen

洗

Handbrause

手持式蓮蓬頭

Intimdusche

沖洗器

Waschschüssel

洗臉盆

Rückenbürste

洗背刷

Seife

肥皂

Duschgel

沐浴露

Shampoo

洗髮乳

Waschlappen

法蘭絨

Abfluss

排水

Creme

乳霜

Deodorant

除臭劑

Spiegel

鏡子

Kosmetikspiegel

手鏡

Rasierer

刮鬍刀

Rasierschaum

刮鬍泡沫

Rasierwasser

鬍後水

Kamm

梳子

Bürste

刷子

Föhn

吹風機

Haarspray

噴髮定型劑

Makeup

化妝品

Lippenstift

唇膏

Nagellack

指甲油

Watte

化妝棉

Nagelschere

指甲剪

Parfum

香水

Kulturbeutel

洗漱包

Hocker

凳子

Waage

計重秤

Bademantel

浴袍

Gummihandschuhe

橡膠手套

Tampon

衛生棉條

Damenbinde

衛生棉

Chemietoilette

化學廁所

Wecker
鬧鐘

Kuscheltier
毛絨玩具

Spielzeugauto
玩具車

Rassel
撥浪鼓

Puppenhaus
玩具屋

Geschenk
禮物

Ballon

氣球

Bett

床

Kinderwagen

嬰兒車

Kartenspiel

撲克牌

Puzzle

拼圖

Comic

漫畫

Legosteine

樂高積木

Bausteine

積木玩具

Actionfigur

公仔

Strampelanzug

嬰兒服

Frisbee

飛盤

Mobile

床鈴玩具

Brettspiel

棋盤遊戲

Würfel

骰子

Modelleisenbahn

火車模型

Schnuller

安撫奶嘴

Party

派對

Bilderbuch

繪本

Ball

球

Puppe

洋娃娃

spielen

玩

Sandkasten

沙坑

Schaukel

鞦韆

Spielzeug

玩具

Spielkonsole

電玩遊戲

Dreirad

三輪車

Teddy

泰迪熊

Kleiderschrank

衣櫃

# Kleidung

## 衣服

Socken

襪子

Strümpfe

長襪

Strumpfhose

緊身褲

Schal
圍巾

Regenschirm
雨傘

T-Shirt
T恤

Gürtel
皮帶

Stiefel
靴子

Hausschuhe
拖鞋

Turnschuhe
運動鞋

Sandalen
涼鞋

Schuhe
鞋

Gummistiefel
雨靴

Unterhose
內褲

Büstenhalter
胸罩

Unterhemd
背心

Body

身體

Hose

褲子

Jeans

牛仔褲

Rock

短裙

Bluse

女式襯衫

Hemd

襯衫

Pullover

套頭衫

Kapuzenpullover

連帽上衣

Blazer

西裝夾克

Jacke

夾克

Mantel

外套

Regenmantel

雨衣

Kostüm

套裝

Kleid

連衣裙

Hochzeitskleid

婚紗

Anzug

西裝

Nachthemd

睡袍

Pyjama

睡衣

Sari

莎麗

Kopftuch

頭巾

Turban

包頭巾

Burka

波卡

Kaftan

卡夫坦

Abaya

(阿拉伯式)長袍

Badeanzug

泳衣

Badehose

男式泳褲

kurze Hose

短褲

Jogginganzug

運動服

Schürze

圍裙

Handschuhe

手套

Knopf

鈕扣

Brille

眼鏡

Armband

手鏈

Halskette

項鍊

Ring

戒指

Ohrring

耳環

Mütze

便帽

Kleiderbügel

衣架

Hut

帽子

Krawatte

領帶

Reißverschluss

拉鍊

Helm

安全帽

Hosenträger

背帶

Schuluniform

校服

Uniform

制服

Lätzchen

圍兜

Schnuller

安撫奶嘴

Windel

尿布

Server
伺服器

Aktenschrank
檔案櫃

Drucker
印表機

Monitor
螢幕

Papier
紙

Maus
滑鼠

Schreibtisch
辦公桌

Ordner
資料夾

Tastatur
鍵盤

Papierkorb
廢紙簍

Sessel
椅子

Computer
電腦

Kaffeebecher

咖啡杯

Taschenrechner

計算機

Internet

網際網路

Laptop

筆記型電腦

Brief

信件

Nachricht

簡訊

Handy

行動電話

Netzwerk

網路

Kopierer

影印機

Software

軟體

Telefon

電話

Steckdose

插座

Fax

傳真機

Formular

表格

Dokument

檔案

kaufen

買

bezahlen

付錢

handeln

交易

Geld

現金

Dollar

美元

Euro

歐元

Yen

日元

Rubel

盧布

Franken

瑞士法郎

Renminbi Yuan

人民幣

Rupie

盧比

Bankomat

提款處

Wechselstube

外幣兌換處

Gold

金

Silber

銀

Öl

石油

Energie

能源

Preis

價格

Vertrag

合約

Steuer

稅金

Aktie

股票

arbeiten

工作

Angestellte

職員

Arbeitgeber

老闆

Fabrik

工廠

Geschäft

商店

Polizist
警官

Feuerwehrmann
消防員

Koch
廚師

Ärztin
醫師

Pilot
飛行員

Gärtner

園丁

Tischler

木匠

Schneiderin

裁縫

Richter

法官

Chemikerin

化學家

Schauspieler

演員

Busfahrer

公車司機

Taxifahrer

計程車司機

Fischer

漁夫

Putzfrau

清洗女工

Dachdecker

屋頂工

Kellner

服務生

Jäger

獵人

Maler

畫家

Bäcker

麵包師

Elektriker

電工

Bauarbeiter

建築工人

Ingenieur

工程師

Schlachter

屠夫

Installateur

水管工

Briefträgerin

郵差

Soldat

士兵

Architekt

建築師

Kassiererin

收銀員

Blumenhändlerin

花農

Friseur

理髮師

Schaffner

售票員

Mechaniker

機械技師

Kapitän

船長

Zahnärztin

牙醫

Wissenschaftler

科學家

Rabbi

拉比

Imam

伊瑪目

Mönch

和尚

Pfarrer

牧師

Hammer
鐵錘

Schraubenzieher
螺絲起子

Zange
鉗子

Schraubenschlüssel
扳手

Taschenlampe
手電筒

Bagger

挖掘機

Werkzeugkasten

工具箱

Leiter

梯子

Säge

鋸子

Nägel

釘子

Bohrer

鑽機

reparieren

修

Schaufel

鏟子

Scheiße!

糟糕！

Kehrschaufel

畚箕

Farbtopf

油漆桶

Schrauben

螺絲

# Musikinstrumente

## 樂器

Lautsprecher

揚聲器

Schlagzeug

打擊樂器

Gitarre

吉他

Kontrabass

低音提琴

Trompete

小號

Klavier

鋼琴

Violine

小提琴

Bass

貝斯

Pauke

定音鼓

Trommeln

鼓

Tastatur

電子琴

Saxophon

薩克斯風

Flöte

長笛

Mikrofon

麥克風

**Tiger**
老虎

**Eingang**
入口

**Käfig**
籠子

**Zebra**
斑馬

**Tierfutter**
動物飼料

**Panda**
熊貓

Tiere

動物

Elefant

大象

Känguru

袋鼠

Nashorn

犀牛

Gorilla

大猩猩

Bär

熊

Kamel

駱駝

Strauß

鴕鳥

Löwe

獅子

Affe

猴子

Flamingo

紅鶴

Papagei

鸚鵡

Eisbär

北極熊

Pinguin

企鵝

Hai

鯊魚

Pfau

孔雀

Schlange

蛇

Krokodil

鱷魚

Zoowärter

動物園管理員

Robbe

海豹

Jaguar

美洲豹

Pony

矮種馬

Leopard

豹

Nilpferd

河馬

Giraffe

長頸鹿

Adler

老鷹

Wildschwein

野豬

Fisch

魚

Schildkröte

龜

Walross

海象

Fuchs

狐狸

Gazelle

羚羊

American Football
橄欖球

Radfahren
騎腳踏車

Tennis
網球

Basketball
籃球

Schwimmen
游泳

Boxen
拳擊

Eishockey
冰球

Fußball
美式足球

Badminton
羽毛球

Leichtathletik
田徑

Handball
手球

Skifahren
滑雪

Polo
馬球

springen
跳

umarmen
擁抱

lachen
笑

gehen
走路

singen
唱

träumen
做夢

beten
祈禱

küssen
親吻

schreiben

書寫

zeichnen

畫

zeigen

展示

drücken

推

geben

給

nehmen

拿

haben

有

machen

做

sein

當

stehen

站

laufen

跑

ziehen

拉

werfen

丟

fallen

摔倒

liegen

躺

warten

等待

tragen

攜帶

sitzen

坐

anziehen

穿衣

schlafen

睡覺

aufwachen

醒來

ansehen

看

weinen

哭

streicheln

擊

frisieren

梳頭

reden

交談

verstehen

明白

fragen

問

hören

聽

trinken

喝

essen

吃

zusammenräumen

清理

lieben

愛

kochen

做飯

fahren

開車

fliegen

飛

Aktivitäten - 活動

segeln

航行

rechnen

計算

lesen

讀

lernen

學習

arbeiten

工作

heiraten

結婚

nähen

縫

Zähne putzen

刷牙

töten

殺

rauchen

抽菸

senden

寄

Großmutter
祖母

Großvater
祖父

Vater
父親

Mutter
母親

Baby
嬰兒

Tochter
女兒

Sohn
兒子

Gast

客人

Tante

阿姨

Onkel

叔叔

Bruder

兄弟

Schwester

姐妹

Stirn
前額

Auge
眼睛

Schulter
肩膀

Finger
手指

Gesicht
臉

Kinn
下巴

Hand
手

Brust
乳房

Bein
腿

Arm
手臂

Baby

嬰兒

Mann

男人

Frau

女人

Mädchen

女孩

Junge

男孩

Kopf

頭

Rücken
背部

Bauch
肚子

Nabel
肚臍

Zeh
腳趾

Ferse
腳後跟

Knochen
骨頭

Hüfte
臀部

Knie
膝蓋

Ellbogen
手肘

Nase
鼻子

Gesäß
屁股

Haut
皮膚

Wange
臉頰

Ohr
耳朵

Lippe
嘴唇

**Körper - 身體**

Mund

嘴

Zahn

牙齒

Zunge

舌頭

Gehirn

腦

Herz

心臟

Muskel

肌肉

Lunge

肺

Leber

肝臟

Magen

胃

Nieren

腎臟

Geschlechtsverkehr

性交

Kondom

保險套

Eizelle

卵子

Sperma

精子

Schwangerschaft

懷孕

Menstruation

月事

Vagina

陰道

Penis

陰莖

Augenbraue

眉毛

Haar

頭髮

Hals

脖子

Spital
醫院

Rettung
急救車

Rollstuhl
輪椅

Bruch
骨折

Ärztin

醫師

Notaufnahme

急診室

Krankenschwester

護理師

Notfall

緊急情形

ohnmächtig

昏迷

Schmerz

痛

Verletzung

受傷

Blutung

出血

Herzinfarkt

心臟病發作

Schlaganfall

中風

Allergie

過敏

Husten

咳嗽

Fieber

發燒

Grippe

流感

Durchfall

腹瀉

Kopfschmerzen

頭痛

Krebs

癌症

Diabetes

糖尿病

Chirurg

外科醫師

Skalpell

手術刀

Operation

手術

CT

電腦斷層掃描

Röntgen

X光

Ultraschall

超音波

Maske

口罩

Krankheit

疾病

Wartezimmer

候診室

Krücke

拐杖

Pflaster

石膏

Verband

繃帶

Injektion

注射

Stethoskop

聽診器

Trage

擔架

Thermometer

體溫計

Geburt

出生

Übergewicht

超重

Hörgerät

助聽器

Desinfektionsmittel

消毒液

Infektion

感染

Virus

病毒

HIV / AIDS

愛滋病

Medizin

藥物

Impfung

接種疫苗

Tabletten

藥片

Pille

藥丸

Notruf

急救電話

Blutdruckmesser

血壓計

krank / gesund

生病/健康

Hilfe!

救命！

Alarm

警報

Überfall

突擊

Angriff

攻擊

Gefahr

危險

Notausgang

緊急出口

Feuer!

失火了！

Feuerlöscher

滅火器

Unfall

意外

Erste-Hilfe-Koffer

急救箱

SOS

呼救訊號

Polizei

員警

Europa

歐洲

Nordamerika

北美洲

Südamerika

南美洲

Afrika

非洲

Asien

亞洲

Australien

澳洲

Atlantik

大西洋

Pazifik

太平洋

Indische Ozean

印度洋

Antarktische Ozean

南冰洋

Arktische Ozean

北冰洋

Nordpol

北極

Südpol

南極

Antarktis

南極洲

Erde

地球

Land

陸地

Meer

海

Insel

島

Nation

國家

Staat

州

Ziffernblatt

錶盤

Stundenzeiger

時針

Minutenzeiger

分針

Sekundenzeiger

秒針

Wie spät ist es?

現在幾點？

Tag

天

Zeit

時間

jetzt

現在

Digitaluhr

電子錶

Minute

分

Stunde

時

# Woche

## 週

Montag
週一

Mittwoch
週三

Freitag
週五

Dienstag
週二

Donnerstag
週四

Samstag
週六

Sonntag
週日

gestern
........................
昨天

heute
........................
今天

morgen
........................
明天

Morgen
........................
早晨

Mittag
........................
中午

Abend
........................
晚上

Arbeitstage
........................
工作日

Wochenende
........................
週末

Regen
雨

Regenbogen
彩虹

Wind
風

Schnee
雪

Frühling
春

Sommer
夏

Herbst
秋

Winter
冬

| 4.APRIL | 11° | ☀ |
| 5.APRIL | 4° | 🌧 |
| 6.APRIL | 13° | 🌧 |
| 7.APRIL | 8° | ❄ |
| 8.APRIL | 10° | ❄ |

Wettervorhersage

天氣預告

Thermometer

溫度計

Sonnenschein

陽光

Wolke

雲

Nebel

霧

Luftfeuchtigkeit

潮濕

Blitz

閃電

Donner

打雷

Sturm

風暴

Hagel

冰雹

Monsun

季風

Flut

洪水

Eis

冰

Jänner

一月

Februar

二月

März

三月

April

四月

Mai

五月

Juni

六月

Juli

七月

August

八月

September

九月

Oktober

十月

November

十一月

Dezember

十二月

## Formen

## 形狀

Kreis

圓形

Quadrat

正方形

Rechteck

長方形

Dreieck

三角形

Kugel

球體

Würfel

立方體

weiß

白

gelb

黃

orange

橙

pink

粉

rot

紅

lila

紫

blau

藍

grün

綠

braun

棕

grau

灰

schwarz

黑

viel / wenig

很多/少許

wütend / friedlich

生氣/平靜

hübsch / hässlich

美/醜

Anfang / Ende

首/尾

groß / klein

大/小

hell / dunkel

明/暗

Bruder / Schwester

兄弟/姐妹

sauber / schmutzig

乾淨/骯髒

vollständig / unvollständig

完整/缺失

Tag / Nacht

白天/晚上

tot / lebendig

死/生

breit / schmal

寬/窄

genießbar / ungenießbar

可食用/非食用

böse / freundlich

邪惡/善良

aufgeregt / gelangweilt

興奮/無聊

dick / dünn

胖/瘦

zuerst / zuletzt

第一/最後

Freund / Feind

朋友/敵人

voll / leer

滿/空

hart / weich

硬/軟

schwer / leicht

重/輕

Hunger / Durst

餓/渴

krank / gesund

生病/健康

illegal / legal

非法/合法

gescheit / dumm

聰明/愚笨

links / rechts

左/右

nah / fern

近/遠

neu / gebraucht

新/舊

nichts / etwas

沒有/有些

alt / jung

老/幼

an / aus

開/關

offen / geschlossen

打開/圖上

leise / laut

安靜/吵鬧

reich / arm

富/窮

richtig / falsch

對/錯

rau / glatt

粗糙/光滑

traurig / glücklich

傷心/高興

kurz / lang

短/長

langsam / schnell

慢/快

nass / trocken

濕/乾

warm / kühl

溫暖/涼爽

Krieg / Frieden

戰爭/和平

# Zahlen

## 數字

**0**

null
.............
零

**1**

eins
.............
一

**2**

zwei
.............
二

**3**

drei
.............
三

**4**

vier
.............
四

**5**

fünf
.............
五

**6**

sechs
.............
六

**7**

sieben
.............
七

**8**

acht
.............
八

**9**

neun
.............
九

**10**

zehn
.............
十

**11**

elf
.............
十一

**12**

zwölf

十二

**13**

dreizehn

十三

**14**

vierzehn

十四

**15**

fünfzehn

十五

**16**

sechzehn

十六

**17**

siebzehn

十七

**18**

achtzehn

十八

**19**

neunzehn

十九

**20**

zwanzig

二十

**100**

hundert

百

**1.000**

tausend

千

**1.000.000**

Million

百萬

Englisch

英語

Amerikanisches Englisch

美式英語

Chinesisch (Mandarin)

普通話

Hindi

印地語

Spanisch

西班牙語

Französisch

法語

Arabisch

阿拉伯語

Russisch

俄語

Portugiesisch

葡萄牙語

Bengalisch

孟加拉語

Deutsch

德語

Japanisch

日語

ich

我

du

你

er / sie / es

他/她/它

wir

我們

ihr

你們

sie

他們

Wer?

誰？

Was?

什麼？

Wie?

如何？

Wo?

何處？

Wann?

何時？

Name

名字

hinter

後面

in

裡面

vor

前面

über

上方

auf

上面

unter

下麵

neben

旁邊

zwischen

中間

Ort

地點